(Titre à garder)

# GRAND ORIENT DE FRANCE

L∴ Chap∴ Aréop∴ Travail et Perfection

O∴ d'Angers.

# SOUV∴ CHAP∴ TRAVAIL & PERFECTION

# VALL∴ D'ANGERS

## LA FLÈCHE

IMPRIMERIE ADMINISTRATIVE DU F∴ CHARIER

1889

# VALL∴ D'ANGERS

---

# DISCOURS

prononcé à la Fête d'Ordre

du Souv∴ Chap∴ Travail et Perfection

le 4 Mai 1889, E∴ V∴

par

## LE F∴ CHARLES BLANC, 18ᵉ

# La Franc-Maçonnerie et la Révolution Française

## 1789 -- 1889

Demain, la démocratie française tout entière va s'unir dans un élan patriotique pour célébrer le centenaire de la première séance des Etats-Généraux de 1789. Appelé à prendre la parole dans ce temple, de quoi pourrais-je vous entretenir, sinon de ces mémorables souvenirs qui sont, pour notre Ordre, de véritables souvenirs de famille ?

Vous savez tous, en effet, quelle part prédominante revient à la Franc-Maçonnerie dans la préparation patiente, dans l'éclosion triomphale de ce magnifique mouvement de rénovation sociale dont la réunion des Etats-Généraux fut le signal. Je n'aurai donc pas à vous retracer longuement les phases de ce drame grandiose. Je craindrais, d'ailleurs, d'éveiller, sous les voûtes de ce temple, l'écho de la magistrale parole de notre éminent F∴ J∴, qui résumait devant vous, il y a quelques années à peine, le rôle prépondérant de la Maçonnerie dans la Révolution française. Ce sont là de périlleuses comparaisons, auxquelles ne saurait s'exposer le très modeste M∴ qui vous parle aujourd'hui.

Je voudrais simplement chercher à mettre en lumière par quelle suite d'efforts sagement soutenus, par quelle puissance d'action morale, dûe à sa forte discipline intérieure, la Franc-Maçonnerie a su grouper, dans une œuvre commune, tout ce que le XVIII<sup>e</sup> siècle a produit d'hommes d'énergie et de talent, dans les trois ordres qui se partageaient alors la France ; — et, conduisant cette rapide étude jusqu'à la proclamation des Droits de l'Homme et du Citoyen, je voudrais saluer avec vous cette pléiade de patriotes qui ont su donner à la France et au monde ces nouvelles *tables de la loi,* véritable charte universelle de l'Humanité.

Que penseriez-vous, M.˙. F.˙., si, pour feuilleter ensemble ces pages mouvementées de notre histoire maçonnique, je vous proposais de prendre pour guide... un père Jésuite ? Ne trouveriez-vous pas un charme piquant, une satisfaction particulière, à voir la plume enfiellée d'un Bazile, la haine inconsciente d'un scribe du « *Gesu* », édifier, sans le savoir, le plus indiscutable monument à la gloire de l'Ordre maçonnique ? Eh bien ! c'est au livre du jésuite BARRUEL que je veux emprunter les principaux traits de notre organisation maçonnique en 1789. Ouvrez son « *Histoire du Jacobinisme* » : chaque page de ce livre haineux, chaque attaque de ce sectaire de l'ancien régime, suffira à vous montrer nettement le rôle considérable de la Franc-Maçonnerie en 1789, et les titres inoubliables qu'elle a su se créer à la reconnaissance de l'Humanité.

Vous connaissez tous, M.˙. F.˙., le véritable apostolat d'émancipation des esprits poursuivi, dans la seconde moitié du XVIII^e siècle par cette légion de penseurs, de savants, de philosophes, connus sous le nom d'Encyclopédistes. La reconnaissance des peuples a rendu en effet à jamais célèbres les noms de ces précurseurs de la Révolution, qu'elle a placés au premier rang des bienfaiteurs de l'Humanité. Ai-je besoin de vous rappeler et leurs noms et leurs œuvres ? Faut-il évoquer ici les lumineuses conceptions de DIDEROT dans son « *Système de la nature* » ; — d'ARGENSON et ses « *Considérations sur la nature des gouvernements* », où se trouvent en germe presque toutes les réformes d'où sortira bientôt la nouvelle organisation politique et administrative de la France ; — HELVETIUS, et son « *Traité de l'Homme et de l'Education* »; — d'ALEMBERT, le mathématicien philosophe de l'Encyclopédie ; — MONTESQUIEU, qui dans son « *Esprit des Lois* » formule le premier, quoique d'une façon assez obscure, le double principe qui sera la base de la Révolution : la liberté, l'égalité, et qui proclame, sans réticences, le principe de la souveraineté de la nation ; — Jean-Jacques ROUSSEAU, qui, dans le « *Contrat social* », reprend et complète le principe posé par MONTESQUIEU, et établit, avec une si lumineuse netteté, les règles du gouvernement du peuple par le peuple.

Enfin, le patriarche et le maître de tous ces philosophes, celui qui le premier déclara la guerre aux trônes et à l'autel, et contribua le plus par ses écrits innombrables à l'œuvre d'émancipation sociale et religieuse du XVIII<sup>e</sup> siècle: j'ai nommé VOLTAIRE.

A cette légion de vaillants et libres esprits, nous pouvons appliquer, sans distinction, ce que le F.·. CONDORCET écrivait le 7 Août 1790, en parlant du F.·. VOLTAIRE : « Les « observateurs éclairés, ceux qui sauront écrire l'histoire, « prouveront à ceux qui savent réfléchir que le premier auteur « de cette grande Révolution qui étonne l'Europe et qui répand « de tous côtés l'espérance chez les peuples et l'inquiétude dans « les cours, c'est sans contredit VOLTAIRE. C'est lui qui a fait « tomber le premier la plus formidable barrière du despotisme, « le pouvoir religieux et sacerdotal. S'il n'eût pas brisé le joug « des Prêtres, jamais on n'eût brisé celui des tyrans. L'un et « l'autre pesaient ensemble sur nos têtes et se tenaient si « étroitement que, le premier une fois secoué, le second devait « l'être bientôt après. »

Il nous est permis de dire que la Révolution fut ouverte le jour où ces illustres adeptes de l'Encyclopédie et les Loges maçonniques eurent opéré leur fusion, confondu leur programme social et philosophique. Des lutteurs comme HELVETIUS, CHAMFORT, d'ALEMBERT, HENRION DE PANSEY, LACÉPÈDE, CONDORCET, poursuivant le même but que les Loges maçonniques, ne devaient pas tarder à venir frapper à la porte du temple. Ils apportaient avec eux cette force qui s'appelle *le livre*. La Franc-Maçonnerie leur donna cet autre levier puissant qui s'appelle *une tribune*. Au sein des Loges, les disciples de JEAN-JACQUES, de DIDEROT et de VOLTAIRE purent librement exposer les bases du régime social à créer, et, dans la sécurité des temples, tous préparèrent ardemment le grand œuvre de régénération morale du peuple et de reconstitution sociale du vieux monde.

C'est là que, sous la direction suprême du Grand Orient, se prépare ce merveilleux ensemble de réformes, d'institutions politiques, scientifiques, humanitaires et sociales que la Constituante et la Convention revêtirent simplement de la forme législative. Notre F.·. J.·. a pu dire avec raison que « la Révolution a surgi de toutes pièces du sein de la Maçonnerie, comme Minerve du cerveau de Jupiter. »

Pendant que les théoriciens traçaient avec l'équerre et le compas les grandes lignes du système nouveau et formulaient les lois futures de la France moderne, les hommes d'action organisaient à Paris les forces vives pour le combat, et étendaient sur le pays entier un vaste réseau maçonnique.

Au sommet, le *Grand Orient,* centralisant l'action politique entre les mains du grand maître de l'Ordre ; ce grand maître était, depuis 1772, le duc d'Orléans, le futur ami de Danton, qui devint Philippe-Egalité.

A côté du Grand Orient, le *Club de la Propagande,* fondé par Sieyès, Condorcet et le duc de La Rochefoucauld. « *Véritable société d'apôtres jacobins* », dit Barruel, dont l'objet était d'étendre l'action philosophique et maçonnique, non seulement dans les limites de la France, mais sur l'humanité tout entière. Ce comité qui recueille de nombreuses et riches cotisations, couvre la France d'émissaires qui, de l'aveu même de Barruel, amènent d'innombrables adeptes au « *Système d'égalité et de liberté.* »

Enfin, en 1787, les F.·.F.·. Brissot, Sieyès et Condorcet proposent de réunir tous les adeptes des idées nouvelles dans une seule association. Ces fédérés s'appelèrent les « *Amis des Noirs* », en raison de la croisade faite par eux contre l'esclavage des nègres en Amérique. Francs-maçons et disciples de l'Encyclopédie, libres-penseurs et philosophes de toute école, formèrent ainsi un faisceau compact, à la tête duquel s'établit un « *Comité régulateur* », composé des F∴ F∴ Condorcet, Mirabeau, Sieyès, Brissot, La Rochefoucauld, Le Pelletier-Saint-Fargeau, Lafayette, Bergasse et quelques autres. C'est ce *Comité régulateur* qui va prendre la direction des forces populaires et dominera toute la politique et tous les clubs jusqu'aux derniers jours de la Convention.

« De tous les moyens imaginés par les *Régulateurs*, dit l'abbé
« Barruel, celui qui contribua le plus à préparer le nombre
« prodigieux de bras dont ils avaient besoin fût la correspondance
« avec les loges maçonniques répandues dès lors en grand
« nombre dans toute la France. Il y en avait 150 dans Paris, à
« proportion autant, et même davantage dans les autres villes,
« dans les plus petits bourgs. »

Plus tard, le seul club des Jacobins, qui était presque exclusivement composé de maçons, compta jusqu'à 229 comités de provinces affiliés et obéissant au même mot d'ordre.

« Les délibérations prises au Comité régulateur s'envoyaient
« au Comité central du Grand Orient, et de là partaient pour
« toutes les provinces, à l'adresse du vénérable de chaque loge. »

C'est à cette date que le Comité régulateur, renonçant à recruter exclusivement les *ateliers* dans les classes éclairées et riches, ouvre leurs portes toutes grandes aux travailleurs et prolétaires. Il suffit de voir l'explosion de dédains et de rage impuissante que soulève cette mesure chez les défenseurs du trône et de l'autel, pour sentir que la Maçonnerie frappait au cœur l'ancien régime en appelant les petits et les humbles à venir dans ses temples apprendre leurs droits et leurs devoirs, et en faisant vibrer dans ces âmes, déprimées par l'obscurantisme et la tyrannie, le *sursum corda* de l'égalité et de la liberté.

Dès cette époque, l'armée maçonnique compte plus de 500.000 soldats, « tous prêts, dit le jésuite Barruel, à se lever au
« premier signal d'insurrection et par la violence d'une première
« impulsion, capables d'entraîner avec eux la plus grande partie
« du peuple. » — « Ainsi, ajoute-t-il, s'était formée, ainsi
« s'organisait successivement cette force révolutionnaire par la

« persévérante application des conjurés. »

Ces hommes que l'écrivain royaliste croit flétrir du nom de conjurés, qui étaient-ils ? Frappons, si vous le voulez, à la porte de quelques-uns des temples maçonniques de l'époque, et voyons à l'œuvre ces *conjurés*.

La loge des « *Amis réunis* », celle qui joue entre toutes un rôle actif, correspond avec les grandes loges étrangères ; elle a pour vénérable SAVALETTE de LANGE, qui en sa qualité d'officier de la maison du roi, a groupé dans cet atelier tout ce que la société brillante de l'époque compte d'esprits libres et de philosophes ; c'est la loge aristocratique et mondaine de Paris.

La loge des « *Neufs Sœurs* » représente au contraire un centre plus politique et plus sérieux. C'est là, nous dit le F.˙. Louis BLANC, dans sa belle histoire de la Révolution française, que vinrent successivement se grouper GARAT, BRISSOT ; BAILLY, le futur Président de l'Assemblée nationale ; Camille DESMOULINS, le jeune et fougueux orateur qui soulévera bientôt le peuple au Palais-Royal, CONDORCET, l'un des plus illustres disciples de JEAN JACQUES et de VOLTAIRE; CHAMFORT ; RABAUT-SAINT-ETIENNE, PÉTION, futur maire de Paris; et DANTON, ce tribun puissant que les calomnies des Baziles de tout ordre n'ont pu renverser du piédestal où son éloquence prestigieuse et son indomptable énergie l'ont placé dans les souvenirs du peuple.

Dans la loge « *la Candeur* » nous voyons se grouper les amis de PHILIPPE d'ORLÉANS, LATOUCHE, SILLERY, CUSTINE, les deux LAMETH, LAFAYETTE, qui sera demain le chef de la nation armée, le commandant acclamé de la garde nationale ; enfin le marquis de LUSIGNAN et le prince de BROGLIE.

A côté de ces loges dirigeantes, un très grand nombre d'ateliers, plus modestes mais non moins actifs, réunissaient sur les colonnes des milliers de F.˙. pris dans toutes les classes de la société.

Voilà ce qu'était, à la veille des Etats-Généraux, la grande famille maçonnique. Sommes nous donc téméraires en disant que c'est du grand Orient qu'est parti le signal de la Révolution et que c'est la Franc-Maçonnerie qui a préparé et établi l'état moderne sur les ruines de la monarchie tombée sous ses coups ? Dès 1771 n'avons nous pas entendu les disciples de MONTESQUIEU et de ROUSSEAU proclamer que « c'est par une assemblée « génerale des députés nationaux que l'homme doit être rétabli « dans ses droits primitifs d'égalité et de liberté, et le peuple « dans ses droits imprescriptibles de souveraineté législative ?»

Nous avons vu, M.·. F.·., comment la Franc-Maçonnerie a préparé le mouvement révolutionnaire par une organisation admirable et une suite d'efforts qu'aucun obstacle ne put décourager. Suivons la un instant dans ces Etats-Généraux dont elle a imposé la convocation au pouvoir royal.

Disons le hautement, à leur gloire, si les Maçons de 1789 furent admirables par la profondeur des vues qui présida à la préparation de la Révolution, ils furent plus grands encore le jour où, entrés dans la carrière, ils ouvrirent la lutte contre la Cour, le Clergé et la Royauté.

Dès le 5 mai 1789, dans cette assemblée des trois ordres où les destinées de la France vont se décider, nous retrouvons encore au premier rang ces mêmes Maçons que nous avons vu tenir le maillet dans les temples et manier d'une main si sûre les outils maçonniques. Faut-il citer le F.·. NECKER, ce ministre populaire le F.·. BAILLY, ce président intègre que ses vertus désignent dès le premier jour aux suffrages des Elus des Communes ; le F.·. SIEYÉS, dont l'esprit si net exercera bientôt sur les comités de l'Assemblée une action puissante. Pouvons-nous oublier le F.·. MIRABEAU qui combat pour la Révolution par la plume et par la parole, qui fonde sous ce nom « *Les Etats Généraux,* » un véritable journal politique, bientôt supprimé par le Roi, mais qui reparait sous ce titre : «*Lettres à mes commettants*; » MIRABEAU enfin, qui incarne si puissamment la résistance contre la Cour, et qui se fait au sein de l'Assemblée, l'éloquent défenseur de la souveraineté nationale, contre l'insolence des privilègiés, et les timides audaces de la Royauté affolée ?

Cette date du 5 mai est arrivée ! des Députés des trois Ordres, après la fastueuse procession à l'Eglise Saint-Louis, se réunissent dans une salle de l'Hôtel des Menus-Plaisirs du Roi, à Versailles. Dans cette salle, richement décorée, au fond de laquelle se dressent le trône du Roi et les sièges de la Cour, viennent se ranger, à droite les représentants de la noblesse, dans leur riche costume de courtisans ; à gauche les élus du clergé, revêtus des brillants insignes de leurs dignités sacerdotales ; en face, simplement vêtus de noir, les six cents députés du Tiers.

Quel étrange contraste ! Alors que, dans cette assemblée des Etats-Généraux, le Roi, uniquement préoccupé de ses embarras financiers, cherche à extorquer au plus vite aux élus de la Nation les plus larges subsides ; alors que la noblesse, perdue de vices, ruinée par ses folies de cour, ne cherche dans la réunion des Etats qu'à consolider ses privilèges et à comprimer la puissance envahissante du Parlement ; — que le clergé n'a de sollicitude réelle que pour ses privilèges et ses immenses richesses menacées ; — à ce même moment, inébranlables dans leurs résolutions, les élus du Tiers, ces Maçons, ouvriers de la première heure, ne songent qu'à doter leur pays d'une constitution ! Ils n'ont d'autre passion que celle du bien public et se mettent au travail, calmes, impassibles, sentant bien que c'est à eux, et à eux seuls qu'incombe cette lourde tâche de faire sortir du chaos politique et social où elle agonise la nation qu'ils veulent libre, grande et prospère.

Faut-il rappeler ici, M∴ F∴ l'énergie patriotique de ces députés du Tiers, résistant aux menaces de la Cour, triomphant du mauvais vouloir des ordres privilégiés, obtenant le vote par tête et d'accord avec le bas clergé, — (ce tiers état de l'Eglise) se constituant en Assemblée nationale, sur la proposition du F∴ Sieyès ? Faut-il vous les montrer, inébranlables dans leur conviction, opposant une dignité impassible aux menaces comme aux sarcasmes, et prêtant ce Serment du Jeu de Paume, si glorieusement tenu, même jusqu'à l'échafaud ?

Faut-il retracer ces journées fiévreuses des 12, 13 et 14 Juillet ? Faut-il vous montrer ces travailleurs, ces prolétaires nourris dans les temples maçonniques des idées sublimes de liberté, renversant la Bastille, chassant les régiments de mercenaires étrangers, et créant, sous les ordres du F∴ LAFAYETTE, la garde nationale? Non, M∴F∴; ces hauts faits de nos aïeux maçonniques sont trop nettement gravés dans nos mémoires pour qu'il soit nécessaire de vous les retracer ici.

Toute cette œuvre immense, conçue dans les Loges et réalisée par elles, ne peut-elle pas d'ailleurs se résumer en un acte unique en cette déclaration des droits de l'Homme, qui fut le *Credo* de la première République? Le cœur de tout maçon ne doit-il pas tressaillir d'un juste orgueil, en voyant ces antiques principes, esquissés par nos F∴ du XVIᵉ siècle dans la *Charte de Cologne*, arrêtés dans les congrès maçonniques du XVIIIᵉ siècle, affirmés dans des formes diverses, mais sous une inspiration unique, dans les cahiers des baillages et paroisses, devenir ainsi, par le vote solennel des Représentants du peuple, le fondement de l'ordre social nouveau, le *symbole* de la démocratie naissante.

N'est-elle pas applicable à la Maçonnerie cette éloquente parole de Michelet, lorsqu'il s'écrie : « C'était la Philosophie du « siècle, son législateur, son Moïse, qui descendait de la montagne, « portant au front les rayons lumineux et les Tables dans ses « mains !...»

Je voudrais, M∴F∴, que demain, dans toutes les communes de France; un vieillard, pareil aux sages de la Grèce antique, réunissant sur le *forum* les citoyens, leur relût cette page immortelle de l'histoire de l'humanité. Je voudrais que dans le plus humble village, parmi les fils les plus déshérités de notre démocratie, une voix *patriote* s'élevât, qui fit à tous, grands et petits, une leçon de catéchisme républicain et gravât dans tous les cœurs les grandes lignes de cette Déclaration des Droits qui a fait de nous ce que nous sommes : les citoyens égaux d'un pays libre.

Je voudrais qu'on redise au paysan comme à l'ouvrier: si tu es libre de travailler la terre ou de manier tes outils, sans plier sous la charge des droits seigneuriaux, sans étouffer dans les

entraves des maitrises et des jurandes ; — si tu peux aujourd'hui
ne payer d'impôt que celui que tu as consenti par tes mandataires
— si tu échappes à la justice arbitraire des seigneurs, pour te
réfugier sous l'égide tutélaire de magistrats, serviteurs scrupuleux
de la Loi ; — si ta conscience religieuse est libre et si l'Etat
te laisse le droit de pratiquer tel ou tel culte sans craindre
aucune inquisition ; — si tes fils peuvent, au nom de l'égalité,
aspirer à tous les emplois et ambitionner toutes les dignités dont
leurs talents peuvent les rendre dignes ; — si tu as le droit de
parler librement, de lire, d'imprimer et de publier tout ce qui te
parait être le vrai et le juste, en religion comme en politique ;
A qui dois-tu tous ces biens ? A qui dois-tu ce régime réparateur
qui succède à des siècles d'arbitraire, d'oppression et d'inoubliables
misères ? A qui, sinon à ces vaillants députés du Tiers-Etat, qui
ont su rédiger dans leurs baillages, les *cahiers* où se formulent,
avec une netteté si impérieuse, les plaintes de tout un peuple las
du joug qui l'oppresse, qui crie justice, en levant les yeux vers
une aube nouvelle obscurément entrevue, vers un avenir libérateur?
C'est à ces apôtres infatigables de l'idée de justice et de liberté
que tu dois d'avoir vu ces doléances, portées à la tribune nationale
et ces réformes réclamées par le peuple, prendre corps dans cet
admirable ensemble de lois qui fonde l'Etat nouveau, et qui
te fait, à toi, cette France nouvelle, cette douce et libre France
dont tu jouis aujourd'hui, fils inconsciemment ingrat, sans te
douter le plus souvent des misères profondes, des souffrances
sans nom que t'aurait réservées l'ancien régime, et que
t'épargnèrent en ces jours glorieux, ces législateurs de la
Déclaration des Droits de l'homme, les Constituants et les
Conventionnels !

Cette leçon de patriotisme et de reconnaissance filiale, ce n'est
pas à vous M.·. F.·. qu'il peut être nécessaire de la donner.
Ce n'est pas dans nos temples qu'il peut être nécessaire de
rallumer le feu sacré sur l'autel ; chacun de nous n'a-t-il pas
gravés dans le cœur ces sublimes principes de la Déclaration des
Droits de l'homme, et notre tâche quotidienne, n'est-elle pas de

répandre ces vérités dans les esprits, de travailler à en faire la loi définitive de la France démocratique ?

Liberté individuelle, liberté de conscience, liberté de penser et d'écrire, égalité de tous devant la loi, souveraineté du peuple, suppression des privilèges et des classes sociales, que sont en effet tous ces principes, sinon les dogmes même de la pure doctrine maçonnique, devenus la loi de l'Etat nouveau ? Qu'est-ce que cette devise, *Liberté, Egalité, Fraternité*, adoptée par l'Assemblée Nationale et placée par elle au frontispice de la Constitution, sinon le mot d'ordre séculaire, le véritable mot sacré de la maçonnerie universelle ?

Mais, M∴ F∴ si nous avons le droit d'enregistrer avec orgueil l'éclatant triomphe des vérités maçonniques en 1789, nous avons aussi le pénible devoir de nous demander si nous avons complètement rempli ce programme tracé par l'Assemblée Nationale. Les petits-fils des Constituants peuvent-ils sans rougir fêter le centenaire de 1789 ? Certes, loin de moi la pensée de diminuer les résultats obtenus par la Révolution dans la voie tracée par nos pères. Mais nous, Francs-maçons, voués par le statut même de notre ordre à la poursuite de la perfection humaine, ne devons nous pas reconnaître qu'il reste encore beaucoup à faire pour réaliser pleinement le programme de nos ancêtres, et pour faire sortir de la *pierre brute*, si puissamment dégrossie par eux, la statue définitive et triomplale du Progrès social ?

Avons-nous achevé cette œuvre d'éducation nationale, tracée dans ses grandes lignes par la Convention, et que la troisième République vient à peine de mettre à exécution ? Avons-nous fait le nécessaire pour que la lumière arrive jusqu'aux plus humbles villages, pour que l'instruction permette à l'enfant du peuple de devenir un homme, de mettre son talent, son génie peut-être, au service de la Patrie ? Avons-nous achevé cette œuvre de laïcisation de l'enseignement populaire qui doit, selon le mot d'un grand maître de l'Université, opposer à l'obscurantisme et à la réaction « l'insurmontable obstacle d'intelligences libres et de consciences affranchies ? »

Dans l'ordre social et économique, avons-nous résolu ces problèmes toujours obscurs, souvent douloureux, des rapports du capital et du travail ? Avons-nous fait un pas pour améliorer le sort des déshérités de la fortune ? Avons-nous organisé l'assistance dans les campagnes, la prévoyance parmi les travailleurs ? Avons-nous trouvé la formule d'une équitable répartition de l'impôt ? Avons-nous seulement su pratiquer l'égalité devant l'impôt du sang ?

Enfin, — et c'est ici qu'apparaît plus nettement encore le devoir impérieux de tout maçon — avons-nous su entretenir dans les consciences cette haine vigoureuse de la servitude, ce culte de la liberté qui gardent les citoyens contre des engouements indignes d'un peuple libre, et qui empêchent la nation d'abdiquer aux mains d'un conspirateur ? Avons-nous su tout faire pour épargner à la République l'humiliation suprême que lui prépare un César d'opérette, la honte d'une dictature sans nom ?... Qui de nous M.·. F.·., serait assez ignorant du programme encore inexécuté de la Convention, assez confiné dans un béat optimisme, pour répondre affirmativement à cet examen de conscience ?

Qu'il s'agisse de questions économiques, religieuses ou sociales, nous devons reconnaître qu'il nous reste une lourde tâche à remplir. Cette tâche, la Maçonnerie saura l'accomplir. Nous saurons nous montrer dignes des aïeux qui nous ouvrirent si glorieusement le chemin : à la veille de ce grand anniversaire du 5 mai 1789, prenons en ici l'engagement solennel. Car le plus pieux hommage que nous puissions offrir à la mémoire de nos aïeux maçonniques, n'est-ce pas d'affirmer chaque jour, *par des actes*, notre attachement invincible à l'héritage qu'ils nous ont légué, notre fidélité inébranlable aux idées de liberté et de progrès ?

Ce discours est couvert par les applaudissements des Chev.·. et sur la proposition du T.·. S.·., le F.·. LAFARGUE 33°.·., chaleureusement appuyé par le F.·. DUPIN 31°.·., Chev.·. d'éloq.·., le Souv.·. Chap.·. en vote par acclamation l'impression et l'envoi à tous les At.·. de l'Obédience du G.·. O.·. de France.